# Qué mamá!

## É hora do leitinho

**Lalau e Laurabeatriz**

Diretora editorial: Raquel Cozer
Coordenadora editorial: Malu Poleti
Edição: Diana Szylit e Chiara Provenza
Assistência editorial: Mariana Gomes
e Camila Gonçalves
Revisão: Luciana Baraldi
Projeto gráfico e diagramação: Thereza Almeida

Dados Internacionais de Catalogação na Publicação (CIP)
    Angélica Ilacqua CRB-8/7057

L199q

Lalau
   Qué mamá! : é hora do leitinho / Lalau ; ilustrações de
Laurabeatriz. – Rio de Janeiro : HarperKids, 2022.
   32 p. ; il. color.

ISBN 978-65-5511-323-5

1. Literatura infantojuvenil 2. Poesia infantojuvenil I. Título
II. Laurabeatriz

22-1024                              CDD 028.5
                                     CDU 087.5

Rua da Quitanda, 86, sala 218 – Centro
Rio de Janeiro, RJ – cep 20091-005
Tel.: (21) 3175-1030
www.harpercollins.com.br

Dedicado à Eléa,
mamãe da Laurabeatriz,
e a Nadyr,
mamãe do Lalau.

*In memoriam.*

# Peixe-boi-marinho

Peixe-boi-marinho
Mama debaixo d'água,
Até ficar bem crescidinho
E comer algas marinhas
Sem ajuda de ninguém:
Sozinho!

*O peixe-boi-marinho*
*é amamentado até*
*os dois anos de idade.*
*Depois, alimenta-se de*
*algas e plantas aquáticas.*

# Canguru

Será que canguru,
Mama pulando?
Acho que a mamãe deixa.
Mas só um pouco
E de vez em quando.

*O canguru nasce com apenas
2,5 cm de comprimento e,
durante a amamentação, cresce
dentro da bolsa da mamãe.*

# Beluga

Bebê beluga é guloso,
Mama de hora em hora.
Como não tem relógio,
Fica ansioso:
– Pô, mãe! Que demora!

*Até completar um ano de vida,
o filhote de beluga é totalmente
dependente do leite materno.*

# Girafa

Toda girafinha mama
Para ficar gigante!
Quando alcança
As folhas das árvores,
Deixa de mamar
No mesmo instante.

*A girafa começa a mamar logo
que nasce. E, até uns quatro,
cinco ou seis meses de vida, só
se alimenta do leite da mamãe.*

# Tigre

Bebês tigres
Adoram ganhar
Da mamãe tigresa
Bastante leite.
E um pedacinho de carne
De sobremesa.

*O filhote de tigre nasce bem
pequeno, com apenas um quilo.
Já no primeiro mês, só com o leite
materno, fica quatro vezes maior!*

# Foca

Bebê foca mama
Só durante um mês.
Aí, experimenta
Os peixinhos do mar
E vira freguês!

*O leite da mamãe foca contém
cerca de 50% de gordura. Por isso,
a foquinha cresce rapidinho.*

# Orangotango

Orangotango mama
Até nove anos de idade.
Veja você!
Macaco mimado,
Quer para sempre
Ser um bebê.

*No primeiro ano de vida, o orangotango
se alimenta exclusivamente de leite.
Depois, aprende a comer outras coisas,
como folhas e frutas. Mas ainda mama!*

# Elefante

Se ajeita, rebola,
Enrola a trombinha
E mama um, dois, três,
Mama dez litros por vez!
Se não fosse tão gordinho,
Não seria elefantinho.

*Por seis meses, o filhote de
elefante só mama. Com o tempo,
vai variando a alimentação e para
de mamar aos dois anos de idade.*

# Ornitorrinco

O filhote tem bico de pato,
A mãe não tem peito.
Para mamar o leite dela,
Ele dá uma lambidela!
E assim a natureza
Encontrou um jeito.

*A mamãe ornitorrinco produz leite por meio de glândulas mamárias. O leite escorre por seu abdome, e o filhote vai lambendo até ficar satisfeito.*

# Raposa-voadora

Enquanto mamãe voa,
O filhote mama e se diverte.
O leite é uma gostosura
E a hora do lanche,
Uma grande aventura.

*A mamãe raposa-voadora carrega o filhote pendurado no peito e na barriga até ele voar por conta própria.*

# Urso-polar

Frio, muito frio lá fora.
Ainda bem que,
Além de abraços,
Proteção e carinho,
Os ursinhos ganham
Leite quentinho.

*A mamãe ursa tem quatro mamas ativas.
O filhote só sai da toca quando atinge
quinze quilos, e continua perto dela até
os dois ou três anos de idade.*

# Raposa

A raposinha se aninha
Num colo macio
Depois de mamar.
O coração da mamãe,
Quente e sereno,
É uma canção de ninar.

*O filhote de raposa é amamentado*
*até ter cerca de quatro meses de idade.*
*A partir dos dez meses, separa-se*
*dos pais e segue sua vida.*

# Preguiça

Demore o que for,
Seja de gota a gota.
Para mamãe e filhote
Que se amam,
O tempo não conta.

*A amamentação da preguiça
ocorre entre as três e quatro
primeiras semanas de vida, mas
o filhote também pode comer
folhas entre uma mamada e outra.*

# Tatu

Onde tatu mama?
Na lua, nas estrelas,
Em outro planeta?
Não!
Tatu mama na toca
E na teta!

*O filhote de tatu é desmamado entre
os dois e os quatro meses de idade.
E logo passa a comer insetos, larvas,
plantas, ovos e algumas frutas.*

**Lalau** nasceu em São Paulo, no dia 7 de janeiro de 1954, quinta-feira, às 0h50, com 51 cm e 3,7 kg.

**Laurabeatriz** nasceu no Rio de Janeiro, no dia 5 de fevereiro de 1949, sábado, às 14h10, com 49 cm e 3,1 kg.

Quando bebês, mamaram bastante, depois foram para a escola, cresceram e, em 1994, já adultos, ficaram amigos. De lá pra cá, fizeram juntos dezenas de livros para crianças.

**Lalau** é publicitário e poeta. **Laurabeatriz** é artista plástica e ilustradora.